中华人民共和国
陆地国界法

中国法制出版社

目　　录

中华人民共和国主席令

第九十九号

《中华人民共和国陆地国界法》已由中华人民共和国第十三届全国人民代表大会常务委员会第三十一次会议于 2021 年 10 月 23 日通过，现予公布，自 2022 年 1 月 1 日起施行。

中华人民共和国主席　习近平

2021 年 10 月 23 日

中华人民共和国陆地国界法

（2021 年 10 月 23 日第十三届全国人民代表大会常务委员会第三十一次会议通过）

目　　录

第一章　总　　则

第一条　为了规范和加强陆地国界工作，保障陆地国界及边境的安全稳定，促进我国与陆地邻国睦邻友好和交流合作，维护国家主权、安全和领土完整，根据宪法，制定本法。

第二条　中华人民共和国陆地国界的划定和勘定，陆地国界及边境的防卫、管理和建设，陆地国界事务的国际合作等，适用本法。

第三条　陆地国界是指划分中华人民共和国与陆地邻国接壤的领陆和内水的界限。陆地国界垂直划分中华人民共和国与陆地邻国的领空和底土。

中华人民共和国陆地国界内侧一定范围内的区域为边境。

第四条　中华人民共和国的主权和领土完整神圣不可侵犯。

国家采取有效措施，坚决维护领土主权和陆地国界安全，防范和打击任何损害领土主权和破坏陆地国界的行为。

第五条 国家对陆地国界工作实行统一的领导。

第六条 外交部负责陆地国界涉外事务，参与陆地国界管理相关工作，牵头开展对外谈判、缔约、履约及国际合作，处理需要通过外交途径解决的问题，组织开展国界线和界标维护管理。

国务院公安部门负责边境地区公安工作，指导、监督边境公安机关加强社会治安管理，防范和打击边境违法犯罪活动。

海关总署负责边境口岸等的进出境相关监督管理工作，依法组织实施进出境交通运输工具、货物、物品和人员的海关监管、检疫。

国家移民管理部门负责边境地区移民管理工作，依法组织实施出入境边防检查、边民往来管理和边境地区边防管理。

国务院其他有关部门按照各自职责分工，依法行使职权，开展相关工作。

第七条 在中央军事委员会领导下，有关军事机关组织、指导、协调陆地国界及边境的防卫管控、维护社会稳定、处置突发事件、边防合作及相关工作。

中国人民解放军、中国人民武装警察部队按照各自任务分工，警戒守卫陆地国界，抵御武装侵略，处置陆地国界及边境重大突发事件和恐怖活动，会同或者协助地方有关部门防范、制止和打击非法越界，保卫陆地国界及边境的安全稳定。

第八条 边境省、自治区的各级人民代表大会及其常务委员会在本行政区域内，保证有关陆地国界及边境的法律法规的遵守和执行。

边境省、自治区的各级人民政府依照法律法规规定管理本行政区域内的陆地国界及边境相关工作。

第九条 军地有关部门、单位依托有关统筹协调机构，合力推进强边固防，组织开展边防防卫管控、边防基础设施建设与维护管理等工作，共同维护陆地国界及边境的安全稳定与正常秩序。

第十条 国家采取有效措施，加强边防建设，支持边境经济社会发展和对外开放，推进固边兴边富民行动，提高边境公共服务和基础设施建设水平，改善边境生产生活条件，鼓励和支持边民在边境生产生活，促进边防建设与边境经济社会协调发展。

第十一条 国家加强陆地国界宣传教育，铸牢中华民族共同体意识，弘扬中华民族捍卫祖国统一和领土完整的精神，增强公民的国家观念和国土安全意识，构筑中华民族共有精神家园。

各级人民政府和有关教育科研机构应当加强对陆地国界及边境相关史料的收集、保护和研究。

公民和组织发现陆地国界及边境相关史料、史迹和实物，应当依法及时上报或者上交国家有关部门。

第十二条 国家保障陆地国界工作经费。

国务院和边境省、自治区的县级以上各级人民政府，应当将陆地国界及边境相关工作纳入国民经济和社会发展规划。

第十三条 公民和组织应当维护陆地国界及边境安全稳定，保护界标和边防基础设施，配合、协助开展陆地国界相关工作。

国家对配合、协助开展陆地国界相关工作的公民和组织给予鼓励和支持，对作出突出贡献的公民和组织按照有关规定给予表彰、奖励。

第十四条 中华人民共和国遵守同外国缔结或者共同参加的有关陆地国界事务的条约。

第十五条 国家坚持平等互信、友好协商的原则，通过谈判与陆地邻国处理陆地国界及相关事务，妥善解决争端和历史遗留的边界问题。

第二章　陆地国界的划定和勘定

第十六条　国家与陆地邻国通过谈判缔结划定陆地国界的条约，规定陆地国界的走向和位置。

划定陆地国界的条约应当依照法律规定由国务院提请全国人民代表大会常务委员会决定批准，由中华人民共和国主席根据全国人民代表大会常务委员会的决定予以批准。

第十七条　国家与陆地邻国根据划界条约，实地勘定陆地国界并缔结勘界条约。

勘界条约应当依照法律规定由国务院核准。

第十八条　为保持国界线清晰稳定，国家与有关陆地邻国开展陆地国界联合检查，缔结联合检查条约。

第十九条　勘定陆地国界依据的自然地理环境发生无法恢复原状的重大变化时，国家可与陆地邻国协商，重新勘定陆地国界。

第二十条　国家设置界标在实地标示陆地国界。

界标的位置、种类、规格、材质及设置方式等，由外交部与陆地邻国相关部门协商确定。

第二十一条 陆地国界的划定、勘定、联合检查和设置界标等具体工作，由外交部会同国务院有关部门、有关军事机关和有关边境省、自治区依法组织实施。

第三章 陆地国界及边境的防卫

第二十二条 中国人民解放军、中国人民武装警察部队应当在边境开展边防执勤、管控，组织演训和勘察等活动，坚决防范、制止和打击入侵、蚕食、渗透、挑衅等行为，守卫陆地国界，维护边境安全稳定。

第二十三条 边境省、自治区的各级人民政府统筹资源配置，加强维护国界安全的群防队伍建设，支持和配合边防执勤、管控工作。

边境省、自治区的各级人民政府建设基础设施，应当统筹兼顾陆地国界及边境防卫需求。

公民和组织应当支持边防执勤、管控活动，为其提供便利条件或者其他协助。

第二十四条 国家根据边防管控需要，可以在靠近陆地国界的特定区域划定边境禁区并设置警示标志，禁止无关人员进入。

划定边境禁区应当兼顾经济社会发展、自然资源和生态环境保护、居民生产生活，由有关军事机关会同边境省、自治区人民政府提出方案，经征求国务院有关部门意见后，报国务院和中央军事委员会批准。

边境禁区的变更或者撤销，依照前款规定程序办理。

第二十五条 国家根据陆地国界及边境防卫需要，可以在陆地国界内侧建设拦阻、交通、通信、监控、警戒、防卫及辅助设施等边防基础设施，也可以与陆地邻国协商后在陆地国界线上建设拦阻设施。

边防基础设施的建设和维护在保证国家主权、安全和领土完整的前提下，兼顾经济社会发展、自然资源和生态环境保护、野生动物迁徙、居民生产生活的需要，并且不得损害陆地国界与边防基础设施之间领土的有效管控。

边防基础设施的建设规划由国务院和中央军事委员会批准。

第四章　陆地国界及边境的管理

第一节　一般规定

第二十六条　国家对陆地国界及边境的管理和相关建设实行统筹协调、分工负责、依法管理。

第二十七条　陆地国界及边境管理应当保障陆地国界清晰和安全稳定。

第二十八条　依照本法规定在边境地区设立经济、贸易、旅游等跨境合作区域或者开展跨境合作活动，应当符合边防管控要求，不得危害边防安全。

第二十九条　在陆地国界及边境管理中遇有重要情况和重大问题，有关地方人民政府、军事机关应当立即按照规定向上级机关报告。

第三十条　边境省、自治区可以根据本行政区域的具体情况和实际需要制定地方性法规、地方政府规章，对陆地国界及边境管理执行中的问题作出规定。

第三十一条　国家可以与有关陆地邻国缔结条约，就陆地国界及边境管理制度作出规定。条约对陆地国界及边境管理制度另有规定的，按照条约的规定执行。

第二节 陆地国界管理

第三十二条 界标和边防基础设施受法律保护。

任何组织或者个人不得擅自移动、损毁界标和边防基础设施。

界标被移动、损毁、遗失的，由外交部与陆地邻国相关部门协商后组织恢复、修缮或者重建。

第三十三条 为保持陆地国界清晰可视，国家可以在陆地国界内侧开辟和清理通视道。

第三十四条 国务院有关部门和边境省、自治区的各级人民政府应当采取措施维护界河（江、湖）走向稳定，并依照有关条约保护和合理利用边界水。

船舶和人员需要进入界河（江、湖）活动的，应当由有关主管部门批准或者备案，向公安机关报告，并接受查验。

第三十五条 国家经与陆地邻国协商，可以在靠近陆地国界的适当地点设立边境口岸。

边境口岸的设立、关闭、管理等，应当依照法律法规和有关条约确定，并通过外交途径通知陆地邻国。

第三十六条 国务院有关部门经与陆地邻国相关部门协商或者根据照顾边民往来、维护边境安全稳定的需要，可以设立边民通道并予以规范管理。

第三十七条 人员、交通运输工具、货物、物品等应当依照相关法律法规通过陆地国界出境入境，并接受有关主管部门的检查、检疫和监管。

特殊情况下，通过缔结条约或者经外交途径、主管部门协商后，有关人员、交通运输工具、货物、物品等应当从国务院、中央军事委员会或者其授权的部门批准的地点出境入境。

第三十八条 禁止任何个人非法越界。

非法越界人员被控制后，由公安机关等主管部门处理；非法越界人员为武装部队人员的，由有关军事机关处理。

非法越界人员行凶、拒捕或者实施其他暴力行为，危及他人人身和财产安全的，执法执勤人员可以依法使用警械和武器。

第三十九条 航空器飞越陆地国界，应当经有关主管机关批准并且遵守我国法律法规规定。未经批准飞越陆地国界的，有关主管机关应当采取必要措施进行处置。

任何组织或者个人未经有关主管机关批准不得在陆地国界附近操控无人驾驶航空器飞行。模型航空器、三角翼、无人驾驶自由气球等的飞行活动，参照无人驾驶航空器管理。

第四十条 任何组织或者个人未经有关主管部门批准不得在陆地国界附近修建永久性建筑物。

第四十一条 任何组织或者个人不得在陆地国界附近通过声音、光照、展示标示物、投掷或者传递物品、放置漂流物或者空飘物等方式从事危害国家安全或者影响我国与邻国友好关系的活动。

个人在陆地国界及其附近打捞或者捡拾的漂流物、空飘物等可疑物品，应当及时交当地人民政府或者有关军事机关，不得擅自处理。

第三节 边境管理

第四十二条 国家根据边防管理需要可以划定边境管理区。边境管理区人员通行、居住依照国家有关规定实行专门管理措施。

边境管理区的划定、变更、撤销由边境省、自治区人民政府提出方案，经征求国务院有关部门和有关军事机关意见后，报国务院批准并公告。

第四十三条 国家支持沿边城镇建设，健全沿边城镇体系，完善边境城镇功能，强化支撑能力建设。

第四十四条 国务院有关部门和边境省、自治区人民政府依照有关规定，可以建设或者批准设立边民互市贸易区（点）、边境经济合作区等区域。

第四十五条 国务院有关部门和边境省、自治区的各级人民政府应当采取措施保护边境生态环境，防止生态破坏，防治大气、水、土壤和其他污染。

第四十六条 国务院有关部门和边境省、自治区的各级人民政府应当采取措施预防传染病、动植物疫情、外来物种入侵以及洪涝、火灾等从陆地国界传入或者在边境传播、蔓延。

第四十七条 有下列情形之一的，国家可以封控边境、关闭口岸，并依照有关法律法规采取其他紧急措施：

（一）周边发生战争或者武装冲突可能影响国家边防安全稳定；

（二）发生使国家安全或者边境居民的人身财产安全受到严重威胁的重大事件；

（三）边境受到自然灾害、事故灾难、公共卫生事件或者核生化污染的严重威胁；

（四）其他严重影响陆地国界及边境安全稳定的情形。

前款规定的措施由国务院有关部门、有关军事机关和地方人民政府依照相关法律和规定组织实施。

第五章　陆地国界事务的国际合作

第四十八条　国家按照平等互利原则与陆地邻国开展国际合作，处理陆地国界事务，推进安全合作，深化互利共赢。

第四十九条　国家可以与有关陆地邻国协商建立边界联合委员会机制，指导和协调有关国际合作，执行有关条约，协商并处理与陆地国界管理有关的重要事项。

第五十条　有关军事机关可以与陆地邻国相关部门建立边防合作机制，沟通协商边防交往合作中的重大事项与问题，通过与陆地邻国相关边防机构建立边防会谈会晤机制，交涉处理边防有关事务，巩固和发展睦邻友好关系，共同维护陆地国界的安全稳定。

第五十一条 国家可以与有关陆地邻国在相应国界地段协商建立边界（边防）代表机制，由代表、副代表和相关工作人员组成，通过会谈、会晤和联合调查等方式处理边界事件、日常纠纷等问题。

边界（边防）代表的具体工作在国务院有关部门、中央军事委员会机关有关部门指导下，由中国人民解放军会同外事、公安、移民等相关部门组织实施。

第五十二条 公安、海关、移民等部门可以与陆地邻国相关部门建立合作机制，交流信息，开展执法合作，共同防范和打击跨界违法犯罪活动。

第五十三条 国家有关主管机关和有关军事机关可以与陆地邻国相关部门开展合作，共同打击恐怖主义、分裂主义和极端主义活动。

第五十四条 国家提升沿边对外开放便利化水平，优化边境地区营商环境；经与陆地邻国协商，可以在双方接壤区域设立跨境经济合作区、跨境旅游合作区、生态保护区等区域。

国家与陆地邻国共同建设并维护跨界设施，可以在陆地国界内侧设立临时的封闭建设区。

第五十五条 边境省、自治区的县级以上各级人民政府依照国家有关规定，可以与陆地邻国相应行政区域地方政府开展经济、旅游、文化、体育、抢险救灾和生态环境等领域合作。

第五十六条 国务院有关部门可以与陆地邻国相关部门在口岸建设和管理、自然资源利用、生态环境保护、疫情防控、应急管理等领域开展合作，建立相互通报、信息共享、技术与人才交流等合作机制。

边境省、自治区的县级以上各级人民政府可以在国家有关主管部门指导下，参与相关合作机制，承担具体合作工作。

第六章 法律责任

第五十七条 有违反本法第三十二条第二款行为的，由公安机关依照《中华人民共和国治安管理处罚法》、《中华人民共和国军事设施保护法》有关规定处罚。损毁界标、边防基础设施的，应当责令行为人赔偿损失。

有违反本法第三十四条第二款或者第四十一条规定行为之一的，由公安机关处警告或者两千元以下罚款；情节严重的，处五日以下拘留或者两千元以上一万元以下罚款。

第五十八条 有违反本法第三十七条、第三十八条第一款或者第三十九条规定行为的，由有关部门依照相关法律法规，按照职责分工处罚。

有违反本法第四十条规定行为的，由有关主管部门责令停止违法行为、恢复原状，处五千元以上两万元以下罚款；情节严重的，处两万元以上五万元以下罚款。单位有违反该条规定行为的，处五万元以上二十万元以下罚款。

有违反本法第三十四条第二款、第三十九条第二款或者第四十一条规定行为之一的，还可以收缴用于实施违反陆地国界及边境管理行为的工具。

第五十九条 国家机关及其工作人员在陆地国界工作中不履行法定职责，泄露国家秘密或者滥用职权、玩忽职守、徇私舞弊的，对直接负责的主管人员和其他直接责任人员，依法给予处分。

第六十条 违反本法规定，构成犯罪的，依法追究刑事责任。

第七章 附 则

第六十一条 界标是指竖立在陆地国界上或者陆地国界两侧，在实地标示陆地国界走向，且其地理坐标已测定并记载于勘界条约或者联合检查条约中的标志，包括基本界标、辅助界标、导标和浮标等。

通视道是指为使陆地国界保持通视，在陆地国界两侧一定宽度范围内开辟的通道。

第六十二条 本法自 2022 年 1 月 1 日起施行。

中华人民共和国陆地国界法

ZHONGHUA RENMIN GONGHEGUO LUDI GUOJIEFA

经销/新华书店

印刷/北京海纳百川印刷有限公司

开本/850 毫米×1168 毫米　32 开　　印张/0.75　字数/7 千

版次/2021 年 10 月第 1 版　　2021 年 10 月第 1 次印刷

中国法制出版社出版

书号 ISBN 978-7-5216-2234-8　　定价：5.00 元

北京市西城区西便门西里甲 16 号西便门办公区

邮政编码：100053　　传真：010-63141852

网址：http：//www.zgfzs.com　　**编辑部电话：010-63141673**

市场营销部电话：010-63141612　　**印务部电话：010-63141606**

（如有印装质量问题，请与本社印务部联系。）